SECTION DES ARCIS.

DISCOURS

Prononcé à l'occasion de l'Inauguration des Bustes de **LEPELLETIER** *&* **MARAT**, *dans ladite Section, le 30 Brumaire, l'an deuxieme de la République Française.*

Ils sont donc arrivés, Citoyens, ces tems heureux, où un Peuple long-tems asservi recouvre enfin les droits que lui donne la nature, & que vient de lui assurer un gouvernement libre! C'est maintenant que la souveraine raison se rendant maîtresse des préjugés barbares de nos peres, éclaire de son flambeau vivifiant les yeux du Français régénéré : c'est maintenant, qu'après des siècles d'erreurs, l'éternelle vérité perçant les nuages épais de l'ignorance, descend des cieux sur ce sol, d'où l'avoit chassée la tyrannie : c'est aujourd'hui qu'elle vient se placer au milieu de nous sur ce trône de gloire, que lui ont préparé les pénibles travaux des Martyrs de la Liberté, dont nous fêtons la mémoire : c'est aujourd'hui enfin que des Citoyens, infiniment chers à nos cœurs, n'a guères, poursuivis sans relâche comme des forcenés, comme les plus grands ennemis du Peuple, sont par ce même Peuple

portés avec pompe de toutes parts, comme ses sauveurs & ses libérateurs.

O raison ! ô vérité ! inspirez-moi, donnez à ma langue l'éloquence nécessaire pour célébrer dignement vos triomphes. O Marat ! ô Lepelletier ! rendez-moi participant de cette énergie républicaine qui vous a si singuliérement caractérisés, alors rien ne me sera difficile pour exalter vos glorieux travaux, & la chûte des tyrans qui en fut inséparable.

Depuis des siècles, le despotisme avoit appésanti son joug barbare sur la tête des Français ; tous les moyens odieux qu'avoit pu suggérer la tyrannie, avoient été mis en usage pour asservir nos peres. L'ignorance qui avoit abruti leur esprit, leur faisoit paroître naturel l'état d'asservissement où ils étoient réduits. Un nuage profondément ténébreux couvroit la surface de la terre, à la faveur duquel le despotisme portoit à la Liberté des coups d'autant plus sûrs qu'ils étoient à peine apperçus & sentis d'un Peuple enseveli dans son esclavage. Si de tems à autre il s'échappoit de ses ténébres épaisses, quelques sillons de lumiere, ils étoient bientôt absorbés par la masse impure des préjugés ; les écrits les plus lumineux devenoient nuls pour des gens qui, fermant les yeux à la lumière, dormoient profondément à la faveur de la paix cruelle que leur procuroient les tyrans. Les hommes éclairés & généreux d'alors, dignes d'un meilleur tems, suscités pour sonner le tocsin de la Liberté, s'efforçoient en vain d'éveiller l'énergie des Français ; le despotisme les poursuivoit par tout comme des hommes dangereux. Il tenoit caché au fond d'affreuses prisons ces lumières du monde : il comprimoit, par la plus lâche persécution, le génie de la Liberté ; & les Peuples égarés qui ne voyoient qu'à travers les yeux de leurs tyrans, regardoient à leur exemple, comme des esprits malfaisans, ceux qui venoient les aider à se tirer de l'oppression ; souvent leurs libérateurs, chargés de l'opprobre public, considérés comme des perturbateurs, alloient expier sur l'échafaud leur audace patriotique.

Appellerai-je, en témoignage de ce que j'avance, Citoyens, les faits déplorables dont l'histoire n'a que trop conservé la mémoire ? Retracerai-je à votre esprit les efforts multipliés, mais toujours vains, qu'ont fait pour rappeller à la Liberté leurs Concitoyens, les Catons, les Brutus, les Rousseau, les Guillaume-Tell & une infinité d'autres ? Vous rappellerai-je les persécutions en tous genres qu'ont éprouvées ces hommes célèbres, & la fin tragique de plusieurs d'entre eux, pour avoir éclairé le Peuple sur la barbarie de ses oppresseurs ?

Mais tirons un instant le rideau sur ce tableau horrible, mais fidèle, de la perfidie des rois ; détournons-en les yeux pour les porter sur une autre espèce de tyrans ; d'autant plus redoutables qu'ils enchaînoient ce que nous avons de plus cher, je veux dire la conscience & notre opinion.

De tous les tems, les rois furent les fléaux du monde, l'expérience ne nous l'a que trop apprit ; mais leur tyrannie n'eut été que momentanée, si la force des armes seule eut asservi leurs sujets. Ils auroient trouvé mille occasions de s'en affranchir. Pour éterniser leur esclavage, & sceller leurs chaînes, il s'agissoit de faire agir contre eux la force de l'opinion : il s'agissoit de métamorphoser en devoir leur soumission forcée aux ordres despotiques de ceux qui se qualifioient d'être leurs souverains. Cet ouvrage étoit réservé aux prêtres, & on doit leur rendre cette justice, qu'aux yeux de la tyrannie, ils ont glorieusement rempli leur mission. La force des armes a rendu tyrans les rois ; les prêtres ont fait intervenir la religion pour consacrer leur tyrannie ; au nom du ciel, ils ont déclaré les Peuples esclaves des rois ; c'est Dieu même, leur ont-ils dit, c'est le Dieu, dont nous sommes les ministres, qui vous les a donnés pour maîtres : leur résister, c'est résister à l'Éternel. Sous quelque prétexte que ce soit, il ne vous est pas permis de vous révolter contre leur autorité ; vous devez leur payer les impôts, le tribut, l'honneur, & tout ce que leur insatiable orgueil voudra exiger de vous ; vous devez leur obéir, non-seulement par la crainte du châtiment, mais bien par un devoir de la conscience ; & si vous prétendiez contrevenir à leur volonté suprême, sachez que ce n'est pas en vain qu'ils portent l'épée. Telles sont en abrégé les leçons que donnoit Paul aux Romains, sous l'empire du plus cruel des empereurs, *Néron*.

Ah ! Citoyens, vous frémissez d'entendre de pareilles maximes, & vous sentez parfaitement que l'apôtre des Gentils ne sauroit être en même tems l'apôtre des Français.

Cette religion pure qui consiste dans l'union intime & directe de la créature avec le Créateur : cette religion qui, sans tant de fatras & de cérémonies, consiste tout simplement dans l'épanchement naturel des sentimens affectueux de l'homme reconnoissant dans le sein de son bienfaisant auteur : cette religion enfin établie pour le bonheur du monde, étoit devenue, dans la main des prêtres, le fléau le plus terrible dont Dieu put punir le genre humain. A l'aide d'une révélation prétendue divine & divinement absurde, le prêtre hypocrite a tyrannisé les consciences, il a enchaîné la raison, il a comprimé l'essort de notre esprit pour le renfermer dans le cercle étroit d'un bisare mystère ; il lui a ordonné de croire ce qu'il n'a jamais cru lui-même ; craignant pour sa doctrine l'influence salutaire des principes sacrés de l'éternelle vérité, il a juré une haîne implacable à tous ceux qui les professoient ; il a déclaré dignes de supplices éternels tous ceux qui oseroient se soustraire à son empire, & à celle des tyrans qui en est inséparable, & sa puissance soutenue par celle des rois, sembloit avoir asservi nos pères pour jamais. Les persécutions de toute espèce furent l'effet de cette coalition infernale ; le vice sur le trône & sur l'autel prononçoit contre l'innocence les arrêts les plus sanguinaires. La vertu foulée aux pieds, étoit devenue un motif de proscription, ses partisans étoient poursuivis par-tout comme des êtres indignes de vivre ; les places n'étoient données qu'à l'intrigue, l'expression d'une opinion patriotique étoit un crime capital, une réclusion perpétuelle en étoit souvent la moindre punition, & la Liberté, chassée indignement du milieu de nous, sembloit destinée à un éternel opprobre.

Le Français n'étoit plus ce Peuple, jadis si fier & si jaloux de ses droits, toujours prêt à les défendre par la force de ses armes, inspirant la terreur à toute l'Europe & aux Peuples des autres climats les plus aguerris, il étoit devenu le sujet très-soumis de ce monarque barbare & étranger, qui se qualifie si ironiquement de serviteur des serviteurs de Jésus-Christ ; renonçant à l'exercice de sa souveraineté, il s'estimoit heureux d'être le vil esclave de sa majesté très-chrétienne, & doublement tyrannisé, il le sentoit à peine, il baisoit respectueusement ses chaînes, combloit de louanges ces tyrans, les regardant comme les instrumens dont se servoit la providence pour lui faire expier ses crimes, & le préserver des feux de l'enfer, il chérissoit l'abjection de son état, comme devant lui procurer un jour la gloire du bonheur céleste. Tel est en raccourci le tableau hideux que vous présenta la France, O Lepelletier ! ô Marat ! lorsque vous parûtes sur la terre, ah ! comme il excita votre indignation ; presque seuls contre la foule immense des préjugés, vous formâtes le dessein de les abattre tous. Seuls libres, au milieu d'un Peuple d'esclaves, vous jurâtes son affranchissement, vous bravâtes audacieusement la couronne & la thiare, vous en conçûtes l'anéantissement, vos projets sont réalisés ; depuis du tems, la couronne royale est en cendres, la sacerdotale vient de subir aussi le même sort.

En méditant ce grand ouvrage, vous en connûtes tout le danger, rien ne fut capable d'arrêter votre zèle. Bientôt, sous les coups redoublés que portoient à l'opinion fanatisée des Peuples les écrits lumineux de ces grands hommes, l'arbre du despotisme fut abattu pour faire place à celui de la Liberté. Ni les profondes racines que lui avoit fait pousser la superstition, ni sa cime altière, dont la hauteur sembloit menacer les cieux, ni la force que lui donnoit la royauté, ni la majesté que lui imprimoit cette multitude de branchages de noblesse qui sembloient le rendre un asyle impénétrable pour la tyrannie, ne purent vous faire balancer un instant, secondés par les généreux efforts des hommes du 14 Juillet, vous les détruisîtes pour jamais.

Mais le Français, novice encore en Républicanisme, éprouva le malheur qui accompagne toutes les révolutions ; il donna sa confiance à des gens qui, affectant tous les dehors du patriotisme, ne s'en servoient que comme d'un voile pour couvrir leur ambition démésurée ; sous l'empire même de la Liberté, on en persécuta les principaux fondateurs ; les vexations de tous genres furent employées, afin d'abattre le courage de nos héros. Toi, sur-tout, ô Marat ! tu fus opprimé cruellement par ceux qui s'appelloient les protecteurs des droits du Peuple : on te poursuivit par-tout comme son plus grand ennemi, dans le tems même où, avec le plus de zèle, tu préparois son bonheur. Cédant à la persécution, lors de sa plus grande violence, tu fus contraint de te dérober quelque tems à la fureur de tes assassins, tu disparus de dessus la surface de la terre ; mais renfermé dans ses entrailles, tu n'en démasquas que mieux les traîtres ; tu fis sortir du milieu des ténèbres où tu étois caché, ces écrits lumineux qui mettant au grand jour les crimes de nos rois, ont enfin causé leur ruine & enfanté la République.

La France ouvrant alors les yeux à la lumière qui lui étoit présentée par ses véritables amis, se déclara entièrement en leur faveur. Guidée par leur zèle patriotique, elle chassa le tyran, renversa le trône, & fondant la République, elle établit pour jamais l'empire des lois & la Liberté.

C'est ainsi que, dans tous les tems, la vérité n'a triomphé de l'erreur qu'après de longs obstacles : c'est ainsi que tous ceux qui ont voulu s'affranchir du despotisme, n'en sont devenus les vainqueurs que par une victoire long-tems disputée : c'est ainsi que les libérateurs des Peuples esclaves ont été obligés d'en combattre long-tems l'opinion, avant d'attaquer leurs tyrans. Mais enfin, la justice imprimée dans le cœur de tout être pensant, se rend maîtresse des préjugés ; les passions disparoissent, les nuages obscurs de la superstition se dissipent, la vérité paroît dans tout son jour ; le Peuple la voit enfin & se hâte de lui rendre hommage ; son indignation s'enflamme alors contre ceux qui, la tenant si long-tems captive, l'ont trompé avec tant d'impudeur. Il jure de s'en venger, & terrible dans sa colère, bientôt ses oppresseurs subissent la peine dûe à leurs forfaits ; c'est ce qu'éprouva Louis le dernier.

A peine le Français, convaincu de ses crimes, eut-il brisé son sceptre, qu'un seul cri se fit entendre de toutes les parties de la République : *La mort du tyran*. Pénétrés de cette maxime éternelle, les hommes sont égaux, convaincus de celle-ci : La Loi doit être la même pour tous, soit qu'elle protége, soit qu'elle punisse. Vous ne balançâtes pas un instant ô LEPELLETIER & MARAT ! à voter la mort de Capet. Bientôt le grand procès intenté en sa personne à tous les brigands couronnés, fut en pleine activité. Ce procès mémorable pendant au tribunal de tous les hommes libres, ne fut pas long à terminer. Son arrêt de mort se trouvoit tout dressé dans l'immortelle déclaration des droits en caracteres ineffaçables. Ni l'inviolabilité prétendue du despôte, ni les autres prérogatives dérisoires de la couronne, ni la puissance de ses défenseurs, ne purent porter nos héros à sauver du supplice ce fameux conspirateur; chargé de l'imprécation publique, sa tête criminelle de dessus l'échafaud roula dans la fange, servant ainsi d'exemple terrible à tous ceux qui oseroient imiter son exemple en opprimant la Liberté.

Cette exécution infiniment juste, mais hardie, redoubla la rage des amis de la royauté, ils jurèrent la mort de ces juges intégres qui, sans aucun égard pour le coupable, n'avoient vu que son crime. Tu fus bientôt, ô Lepelletier! la première victime de leur fureur. Un monstre à figure humaine, un babare courtisan, pour venger l'honneur du roi son maître, te plongea son fer assassin dans les entrailles. Martyr de ta juste opinion, & fort de ta conscience, tu expiras tranquillement au milieu de longues angoises, en prononçant ces paroles qui exprimoient si énergiquement les sentimens de ton cœur. » Je suis satisfait de verser mon sang pour » la Patrie, j'espére qu'il servira à consolider » la Républiquc, & à faire connoître ses enne- » mis».

Etoit-ce donc là, ô Lepelletier! la récompense qui étoit dûe à tes héroïques vertus? est-ce donc le sort qui devoit t'être destiné pour avoir si bien servi la cause de la Liberté? est-ce ainsi que tu devois être payé de tes pénibles, mais glorieux travaux sur l'éducation nationale, où pénétré des principes de la Liberté, & désirant les perpétuer, tu avois cherché à en instruire la jeunesse, & par elle toute la postérité? Devois tu t'attendre à sceller de ton sang la sentence de mort que ta bouche avoit si justement prononcée contre le tyran ? Oui, sans doute, dans ce siècle corrupteur & corrompu, l'austère vertu doit se préparer à la persécution, elle choque trop de passions pour exister tranquille ; & quiconque veut sincèrement le parti d'une liberté naissante, doit s'attendre tôt ou tard à s'immoler pour elle. La mort ne t'étonna donc pas, depuis long-tems tu t'y attendois, ô Lepelletier ! tu reçus sans effroi le coup meurtrier qui termina tes jours, t'estimant trop heureux de mourir pour une si belle cause.

La France, en exterminant le tyran n'avoit pas en même tems détruit tous ses agens. Il restoit après lui dans son sein même, une foule de scélérats qui, le voyant mort, s'occupèrent des moyens d'usurper sa place. Pour y parvenir, ils suscitèrent mille obstacles à l'établissement de la République ; ils employèrent mille intrigues pour gagner la faveur populaire. Afin de réussir plus promptement dans leurs projets désastreux, ils allumèrent, dans toutes les parties de la France, le feu impur de la guerre civile. Bientôt le sol français, jadis l'asyle de la paisible vertu persécutée, n'offrit plus aux regards étonnés, que l'aspect affreux d'un vaste champ de bataille, où le frère étouffant la voix de la nature, combattoit contre son propre frère, où le fils parricide s'armant contre son père, aspiroit au plaisir barbare d'arracher la vie à l'auteur de ses jours. Bientôt les villes les plus florissantes, ne furent plus qu'un monceau de cendres ; des fleuves de sang coulèrent de toutes parts, & tout cela pour satisfaire l'insatiable cupidité de quelques intrigans, & ce qu'il y a de plus abominable, c'est que les chefs de ces scélérats siégeoient dans le sanctuaire de la Loi. Tu en fus instruit, ô Marat ! ton esprit pénétrant sut sonder jusqu'aux replis les plus tortueux de leurs ames ; tu découvris les traîtres, tu démasquas leur perfidie, elle enflamma ton indignation, & bientôt l'intrigue des hommes d'état trouva dans toi le plus implacable de ses ennemis ; tu consacras ta plume, ta santé, ton repos, ton tems & tout toi-même pour éclairer le Peuple sur ses nouveaux oppresseurs ; tu leur arrachas ce masque de popularité dont ils se couvroient, pour mieux cacher leurs desseins criminels, & malgré leur hypocrisie ils ne purent en imposer.

Alors, ainsi que tu devois t'y attendre, la calomnie se déchaîna contre toi avec fureur. Ces intrigans t'accuserent d'être un perturbateur, un anarchiste, un ennemi des Lois. Ils firent lancer contre toi un décret d'accusation, qu'ils n'oserent soutenir en présence de tes juges ; ils te traduisirent devant un tribunal redoutable, mais juste, qui connoissant la perfidie de tes accusateurs, se hâta de déclarer ton innocence, & le jour qu'ils avoient destiné à ton supplice, devint celui de ton triomphe. Bientôt, pour venger tes droits opprimés & ton zélé défenseur, le Peuple se leva en masse pour la troisieme fois. La révolution du 31 Mai fit justice de ces scélérats conventionaux. L'ouragan populaire, de son soufle impétueux, les arracha du temple des Lois, & les dispersa sur notre horison comme une vile poussière.

Mais leur rage, pour être impuissante, ne fut pas éteinte. Trop lâches pour se mesurer eux & leurs satellites contre les phalanges majestueuses des patriotes, ils eurent recours à l'assassinat. Afin d'intimider les plus ardens Républicains, ils les menacerent, pour prix de leur zèle, d'une mort prochaine & inévitable : MARAT, comme leur principal ennemi, fut désigné à périr le premier : le fédéraliste expirant, après avoir causé à la France, des maux infinis, déclare enfin qu'il mourra content, s'il peut voir encore égorger cette illustre victime. Il désire jouir du plaisir barbare de voir répandre un sang si précieux. Il est satisfait. Une femme audacieuse, digne d'un éternel opprobre, la honte de son sexe & l'horreur du genre humain, se charge de cette cruelle expédition.

De dessous les débris du trône de l'infâme Buzot, cette vipère infernale s'élance vers Paris, elle s'y occupe pendant trois jours des moyens de saisir sa victime, résolue de l'immoler même, s'il est possible, au milieu de nos Législateurs, & jusques sur le sommet de la sainte Montagne.

MARAT, qu'une maladie sérieuse forçoit à la retraite, en même tems qu'il travailloit à guérir ses maux particuliers, s'occupoit sans relâche à la cure de ceux de la République. Les bains qui lui étoient prescrits, pour rafraîchir un sang presque brûlé par un travail continuel, ne modéroient en rien la chaleur de son patriotisme. Du fond de sa baignoire il poursuivoit encore & faisoit pâlir & trembler les traîtres.

Cette femme, indigne de ce nom, parvint enfin jusqu'à lui, sous prétexte de lui découvrir des secrets importans pour le salut de la République. MARAT, que rien n'intéressoit davantage que ce qui pouvoit contribuer au bien public, prend d'elle un papier qu'elle lui dit contenir ces prétendus secrets, & pendant qu'il en fait lecture, la perfide lui perce le sein d'un large coutelas. Par ce coup fatal, elle tranche des jours qui faisoient le bonheur de la France. Par ce parricide, la cruelle éteint pour jamais la plus vive lumière qui existât alors sur le globe terrestre, & enlève au Peuple son plus fidèle ami.

O MARAT ! ô LEPELLETIER ! l'expression me manque pour retracer l'horreur de pareils forfaits. Faut-il qu'un scélérat de Louis XIV qui, pour sa propre satisfaction, a fait périr plusieurs millions d'hommes, meure tranquillement dans son lit après une heureuse vieillesse, tandis que des hommes dignes de regrets & d'une reconnoissance éternelle expirent à la fleur de leur âge étouffés par les flots de sang que fait bouillonner dans leur flanc un fer assassin.

O Providence ! veillez-vous donc à ce qui se passe ici-bas : vous intéressez-vous à la vengeance d'attentats si horribles ?

Oui, Citoyens, la postérité qui juge sans partialité ceux qui faisoient jadis l'objet de notre admiration, a proscrit depuis long-tems pour jamais leur mémoire, & avec gloire elle transmettra d'âge en âge celle de nos héros. La justice divine poursuit de toutes parts leurs infâmes meurtriers. Déjà un bon nombre ont payé de leur tête sur l'échafaud la peine dûe à leurs crimes, leurs complices ne tarderont pas à les suivre. Une gloire immortelle couronne les vertus de ces hommes célébres ; affranchis des miseres humaines, & associés à Dieu même, ils jouissent des délices préparés à ceux qui ont si glorieusement servi la cause de leur pays & la Liberté.

Tes ennemis, MARAT, qui sont les nôtres, ont cru abattre notre courage en nous menaçant de ton sort ; qu'ils sachent, ces abominables, que des Républicains ne craignent pas la mort, elle est pour eux un sujet de gloire, ils aspirent au bonheur de donner leur vie pour la Patrie.

Loin de ralentir notre patriotisme, ta mort l'a redoublé; jamais l'esprit public ne s'est montré avec tant de vigueur que depuis l'instant fatal de ta séparation d'avec nous; ton sang précieux répandu sur la terre, est devenu une semence de vertus patriotiques, chaque goutte a produit au centuple. Ce sang chéri qui abreuve le sol de la Liberté, crie justice vers le ciel. Nous ne tarderons pas à le venger pleinement. Bientôt les ennemis de nos droits, qui le sont de l'humanité, apprendront à leurs dépens combien est terrible la vengeance d'un Peuple qu'on opprime pour sa Liberté; & quand par un effet de la trahison ou de la lâcheté des dépositaires de notre confiance, nous viendrions à succomber, qu'ils sachent que jamais nous ne fléchirons le génou devant ces infâmes dominateurs; nous périrons tous, s'il le faut, mais nous ne serons jamais vaincus. Le fer meurtrier de nos ennemis percera nos corps de mille blessures, plutôt que de charger nos mains. Si jamais nous tombions vifs à leurs pieds, ce seroit, non pour leur demander grace, mais la mort, nous leur enleverions même ce plaisir barbare en nous arrachant la vie à leurs yeux. L'infection de nos cadavres immolés à la Patrie sur l'autel d'un champ de bataille, sera le seul encens que nous consentirons d'offrir à l'idole du despotisme.

Mais le courage qui nous anime répond déjà de la victoire. Nous triompherons de tous les obstacles qu'opposent à nos efforts les vils oppresseurs du genre humain; ils périrons tous,

& notre République existera. La base du trône de la Liberté, cimentée du sang de rois, s'affermira pour toujours. Bientôt cette divinité bienfaisante, procurant le bonheur des Français par sa douce influence, soumettra à son empire tous les Peuples de l'univers. Et vive la République

EXTRAIT du Procès-Verbal de la Société Populaire de la Section des Arcis, du 7 Brumaire, l'an 2e. de la République Française.

La Société Populaire, après avoir entendu prononcer le Discours ci-dessus, en a voté l'impression, à ses frais, au nombre de mille exemplaires.

JACOTOT, Président.

Pour extrait conforme,

DESESMANS, Secrétaire.

A PARIS. De l'Imprimerie de MILLET, Rue de la Tixéranderie, n°. 17, près la la Place Baudoyer.

www.ingramcontent.com/pod-product-compliance
Ingram Content Group UK Ltd.
Pitfield, Milton Keynes, MK11 3LW, UK
UKHW020501220726
13923UKWH00006B/2694